彈實金明濤

彈實 金明淳 作

愛人의 선물

滙東書舘編集

머리말

1

강변 버드나무에 키를대여 보며
내적은 箕子墓기슭에 꽃을딸때
아아 아름답든 그 노래에

2

지금나는 成長하고
江邊垂楊은 老衰하엿다
그러나 내노래는 悲歌는
어느날에 幸福되어 보리

愛人의 선물 目次

詩

두 마 음 ………………………… 一〇
逢春 ……………………………… 一
秋景 ……………………………… 二
哀想 ……………………………… 三
咀呪된 노래 ……………………… 四
貞節 ……………………………… 五
불꽃 ……………………………… 六
郭公 ……………………………… 七
希望 ……………………………… 八

戀慕 …………………………… 一〇

散文
鄕愁 …………………………… 一三

小說
愛? …………………………… 二六
分水嶺 ………………………… 三七

脚本
日曜日 ………………………… 吾

두 愛 人 ……………………… 六

目次

愛人의선물

彈實 金明淳 作

逢 春

1

하날에별쑤리듯
못니저정든情을
紅蓮이피어날제

땅속에금감추듯
못속에살러보면
금붕어兄弟할가

2

봄바람한들한들
피붉은쏫한송이
江南길가던것을

江亭에발것으니
푸른물에써러저
오던제비낙도다

秋景

1
가을밤별고흔데　　치마자락펴들고
써러질듯녁여셔　　한아름밧것마는
허젼한이모양아　　버러지울어낸다

2
南風에나붓기던　　綾羅島실버들
한줌쎡거울것을　　떼지나襄햇스리
상그레웃던얼골　　구슬히울니로다

3
가울을찻노라니　　김흔골에왓고나

靑黃赤爛漫한데　이곳이어드메냐
물소리그윽하야　숩은情아노란다

哀　想

1
才人손길그버릇　곳치기도어려워
남의집거문고를　한것울니엇거든
쏘무슨罪엇자고　그줄쏘차쓴흐리

2
쏫대로된다하면　훌훌날어보고셔
님이웃고닐하는　多幸한火爐가에
파란새한머리로　이치움告하리라

愛人의 선물

3
초겨울 밤깁허서 힘든글닑노라면
뒤뜰의 曳履聲이 그의것갓것마는
내어려움모르니 落葉聲그러한가

4
쓸쓸한거리삿헤 님오실리업거늘
그리운情도지면 오신듯달써진다
幸여나가른모양 눈압헤버려지리

咀呪된 노래

1
오오오쌜간燕旨 누구와쏙색이랴

四

貞　節

1

숩 속에 늡이 잇스니
철 업는 들이 면 온
련밥 한 알 밧아서

種子로 메 워진다
雜草로 깁 흘 것을
한 설기 병 굿 병 굿

2

흙 속에 금 감추 듯
그 압 혼 가 삼 터에
비 내리고 눈 내려

돌 속에 玉 가리 듯
서 름 의 씨 심은 후
가시 덩 클 길 닛 다

붉던 입 살 프르라
희던 얼 골 검거라
다시 야 우서 보랴
거울을 들어 보랴

2
더러운진흙속에　蓮꽃빗고흠이어
世波에부닥기며　意志를새웁갓다
두어라希望이란　困難하다하거니

불　쏫

1
야이가던沙工아　海心에닷주려마
사나운물결쒸여　누리를뒤집어도
외배에불쏫직혀　하늘에별하나다

2
내몸이내거라니　아니다쏘아니다

그리워 꿈에 보면　사랑의 人質이오
외로워 곳처 보면　압흠의 捕擄로다

郭　公

1
봄날빗고와지자　布穀聲구슯헛간
밀보리프르를제　종달이우는고나
가는봄덧업거니　내마음아니울가

2
사는날죽는날도　임의로못되거든
밉고고흔그날이　뜻대로된다할가
구름속에종달이　하날우헤고하라

3

그의집싸리문을 밤마다두다리며
크고놉흔소리로 나피로우노라고
그리운서른날을 哀씃한셋告할가

希 望

1

방울듯는샘터에 왼종일안젓스니
돌부처살워와서 내귀에이르기를
네소원이무어냐 바다로가랴느냐

2

모래ㅅ길예이는 잔잔한시내물아

내목소래높이어　네일홈부르노라
바다로가는길을　나함께가잣고나

3
한고개넘어셔면　바다가에가리니
물결을부셔내는　嚴格한벼랑처럼
배워가는내길에　귀한님기다린다

4
그이의얼골은　빗의貯水池러라
大理石에쪼히면　生命이부러난다
내압호로오시면　어두운눈밝으리

戀慕

1

이몸이 노혀나면　바위라도뚜르고
님향한서른사정　쏘아부으련마는
貧窮에붓들닌몸　응즉일길잇스랴

두 마 음

1

두마음품은女人　뜰알에내러설제
쌕리패운쌀강못　다시십어볼것을
비나멋건가라고　冷冷히이르도다

2 　天堂길가랴느냐　地獄길가랴느냐
　숨어질洞窟업시　咀呪의身勢되여
　두마음품에품고　天地에아득인다

3 　밤마다　꿈마다　물결에저져울며
　두마음외로운날　바다에게무르면
　외로운한마음이　쌔져셔둘이라고。

鄕 愁 (散文)

눈이번쩍씩엿슬쌔 깁흔忘却의 宮殿에서 追放된내自身의허전함을 늣기엿다

『왼몸이 으스스떨니여지는것을간신히참겟스니아마 새벽세시나네시동 안이리라』집작하엿다

풀닙바그로 귀를기우럿슬쌔 고요한 락수물소리와도가튼 斷續的불 방울소리를드럿다

그세차던바람이 잣고나!―하고 생각될쌔내마음속깁피에甚하던風浪이 잔잔것을 意識하엿다 아아바다의 眞珠잡이의 깃븐쌔아닐가?하고폭 신한것분일들이 차차聯想하여진다

맛츰 午前 네時를 報하엿다 나는 내自身이 일곱時間동안을 숨하나안보고 잔것을 깁버하엿다 精神이 맑아질사록 健强할慾望이 무럭무럭이러나는 것을 쌔달앗다

昨胥에 甘醉하여 읽던 詩 句가 어느동안에 返復暗誦되엿섯던듯이 分明히 머리에 써울낫다…… 西班牙詩人 루벤다리ー오(1867—1916)의 追憶가온대 잇는 말카리ー다의 一小節이……

『너의우슴 너의香氣
너의不平 너의悲哀
다ー내것이엿섯다
우리들의 쏫이 던것을
말카리ー다 키ー젤은』

내自身이 제절로 읇혼詩가티 맛잇게 외울동안에 그詩全篇이 구슬셈이

가티 아름다웁게 생각난다

『말카리ー다 커ー젤』

너는얼마나

이 **일홈**에 애다렷던것이냐

가른얼골을

너의그때 神秘를먹음엇던、것

나의마음속깁히에

決斷코다시는 도라오지안은

깃거움으로찬 저몽롱한

봄날저녁의일……

두리서가티食事를한
그처음겸 내종이된
맛낫던일……

말카리ー다 커ー젤
너는얼마나
이일홈에 애다랏던것이냐

아름다운샴판酒――毒을마시고
새파랏케죽어진네쌜간입살이여
너의손가락은

愛人의 선물

오 오 말카리—다의 **손**가티
하얏케되여잇섯다

내가를라고일너도 너는좀라고
아모리
내가를라고일너도 너는좀라고

엇**때**케
내가너를사랑하엿던가
알고잇지안엇느냐

아아 아름다운샴판酒——毒을마시고

새파랏케죽어진네입살이여

우리들의 歷史의쏫이던것을
말카리—다 키—젤은
그런데 너는
울면서 우스면서

너의키스
너의눈물
다—내입살에남어잇다

너의우슴 너의香氣

愛 人 의 선 물

一七

愛人의 선물

너의 不平 너의 悲哀
다—내것이엇섯다

우리들의 歷史의 꼿이 던것을
말카리—다 커—젠은

그날저녁이 그런슯흔밤이 될줄이야
깃거움으로찬
그닐그닐하도록

사랑으로 그득찬
한말카리—다 로써 너를바랫섯다

다만그분이엇섯다

嫉妬――죽엄
너는 참으로
나를사랑하야주엇느냐
말카리―다의 아름다움을
너에게求하지는안엇다
너는나를버리엇다

그날 그날하도록
깃거움으로찬

『그날저녁이 그런습흔밤이될줄이야』

이런밤가운詩를읽으면서 밤들도록 銅錢五分을바른손길로 뒤재이던
어제저녁일이 애닯엇다 나는바람세인 달밝은밤에 H언니를차저가고십
헛다 五六年남모르는艱苦에 점점쇠저가는 내머리터럭을헛날니며
淸凉里行電車우에 올나안고십헛다 十五夜밝은달이 금으러저희미하고
바람이세찰째 내손길우에서 울낫다내렷다하는 銅錢五分소리가 내情
感을물결처서 나는 두번세번 일어낫다 안젓다하며淸凉里갈생각을
거듭하여흔들니는 문풍지 쌩쌩울니우는銅錢五分 누구의五百圓이
울어흔들니는 그러나남의집團欒을못째트리겟다고생각하엿다 음산히
이런째이와가티貴하엿섯겟느냐?
오냐 나의마음속에 남모르는心情아 이貴여운生活을오래오래 저바

리지말자 그리고이出發點에서永遠에向하야前進하는 神聖한길을 눈물
토적시지말자! 나는이情景을오래오래일치안으리라
다

　어느덧 락수물듯던소리가 바삭바삭 극히 고요한소리로 變하야젓

다 과연 훤히밝아오는하늘아래 눈이와서 녹던그위를싸래기눈이쓰더
젓다
『아아 이러케치우닛가 눈이오나부다.』하는 쓸쓸한마음이 문을여럿
『아아이겨울을엇지할가』하고 怯이나서 나는부르지젓다 그리고 父
親이念慮하실것을 생각하엿다 그러나 나는父親의집에 다시못도라갈
것을내自身에게 타일넛다
『追放의아해야 流浪하는길손아 肉身의平安을爲하야 靈魂의알픔을참

깃느냐늣고

눈온아참에 窓門을여러젯치고 허엿케왓다가傷處와가티 군대군대녹아지는 쓸안情景을바라보면서 마음가는곳에 肉身이쌀나지고 生覺하는대로의 形像을 쓱바로 나타내일수가잇는가? 하엿다

不過멧分時동안을前後하야 눈이오던것을 녹이다가 쏘다시눈이오다가다시비가오는이날의天候를生覺하더라도 時間의進行에依하야 變化하는 環境의事情으로 種種의現象을成就한다

그리하야 여기에이르러 이치위를못참겟다고父親의집을念頭에올니는 나의感情도 필경環境에부닥기는째문이라고 自省된다

父親의집에는 嚴冬을凌駕하는溫情이잇다 쏘그리운兄弟가잇다 그러나 나무엇이 妨害를한다 그것은내時間이다 아아나는반드시내時間의支配 아래내行動을左右한다 나는只수쏨집에도라갈수업다 그러나 이難境에

處하야 무럭무럭 이러나오는내鄕愁을참기어려움이야 어느明朗한人情

이 안윽히 生命우에同心하라

　그럼으로 그쌔그곳에 有產階級에生長한졂은女子가 自己의知識을要求하야 여기에只수짜지十年間을 嚴父의命令에違反한 艱難한苦痛이잇다 그러나 무엇을아라젓스랴 다만모르는範圍가 漸漸넓어질뿐이엿다

이漠然한範圍를 넓히자고야 무엇이어느곳에선들不足하랴? 平壤이고 서울이고간에? 무엇이 平壤보담서울이나으랴? 물쓸듯서로어르는人烟이 더큰分裂을 이르킴이깃느냐? 황당한文句와文句 曖昧한? 概念과概念 臨時的觀念과觀念! 쏘그외에 紅燈裡에聲色거츠른 피아니시모

講壇에不調和的쑬데 쏘그리고警官압헤서 머뭇머뭇心情을表白치못하는 講師의顏色! 音程더듬는 거짓唱歌手의 가래침걸닌 微音과厚顏한모양멋업시 놀녀대는拍手聲 歌詞와調律이調和를일흔헛소리! 妙音을내이

고도 不可解의 表情을 拍手代身으로 聽衆의 顏色에서일는 孤獨한피아니스트! 무엇이너에게的確한慰勞를베프럿스랴? 호을로드놉흔內部生活의 冷憺한流蕗와얼마큼 不謹愼한混雜한趣味의發蕗가 한聽者로안즌 네게무엇을왜처주엇느냐? 이兩音樂家를 念應할째前者에잇서서는 외로운自己의生活을드놉히기만하는것이고 後者에잇서서는 聽者들의손싸지엇슬고 水平線밋싸지쏘泥濘의海싸지混沌한가온대로만 自己도잘못하고남도잘못하도록잇그러아득이게함이안이랴?

사람은모든可脇性을가젓다 ,聖人도되는可能性을가젓고惡人될可能性도가젓고쏘그中間모든可能性을가젓다 하늘놉흔곳싸지 바다깁흔밋싸지사람들이알아서利用도하고 應用도할모든可能性이잇서 쏘당속맨밋싸지探求할모든可能性이잇다 그러나百年을다못채우는 사람의壽命과 九尺未及의體形으로 한사람이모든可能性을實現하랴함은 久遠한將來에는或몰나

二四

도 即 수은 全然히 不可能한일을알겟다 그러나사람의漠然한空想이야말로 이어느可能性에나任意로想像못밋츨일이안이겟다 그러나 이것은온전히空想的임을알어야한다

宇宙드놉히에 내집을못다삼고 사람마다에게人緣을못다매즌 體量과年齡을限定한人生은 반드시원宇宙的大理想밋헤 全民族的理想아래全人類의一員으로民族의一分子로 時代를짜라제自身우혜한理想을建設할것이다

여긔에이르러一個人의理想이 個性에싸러서 音樂家도조타 文學家도조타 美術家도조타 政治家도조타 그外에宗敎家도哲學家도조타 그리고모든趣味도必要하다 그러나제各其한科目을 김히硏究하야 各其人生을深化할必要가잇다 그리하야 公衆압헤對할쌔 가장깁히硏究한一科目을애는者로對하여야할것이다、그럼으로우리는 우리가한오ㅣ、게스틔라를組織할

째 各其맛은 音符만을잘演奏하여 주기를切望한다 여기서 燦爛輝煌한發展이 始作된다 모든별들中에地球가組織的으로―― 모든나라들中에朝鮮이가장有利하게組織的으로發展하기를바란다

×　　　×　　　×

생각하면생각할사록 鄕愁에알는내自身을意織하겟다 마음의故鄕에나 肉身의故鄕에다 그러나이일을엇지하랴 나는이兩處에다못갈形便이라 이치운날새벽에 鄕愁에걸닌病人은 客地에서 도라갈곳을 일헛다 참으로生活을굿치고도시푸다 그러나이굿센愛着! 엿줄가티 느러나가는 憧憬! 實로抑制할바업고나를생각한다

내게어느親舊가잇서서 生死를말하기를한오래기실낫갓하야한숏이生이면은 한숏은死이라고일넛섯다 그것이참말이면 사람은그自身의棺을엇는것外에무엇이必要할것이냐 그러타! 棺을엇는다고生覺하야보자近三

十年 二十餘年을 나는내棺을짜노앗다 그러나 나는그것을完成치못하엿다 그럼으로 나는生에愛着이 큰이만치 死에對한아모런理解도 가지지못하엿다 다만흙에도라가는것이다 나라는一形體가 永遠에向하야 分碎되야分子로原子로漸漸갈나저서土壤이되여 生物을養成하는性分이되리라할뿐이다 쓰그리고거기도라가서 더便安할것을생각지못한다 죽엄은내게對하야 一打擊이안일수업다 나는빗을만이진사람이다 내生前에 반드시다갑하볼 決心이업지안타그러한 나는大還元을아즉쑴꿀수업다 오직小康을엇을 生의限度에잇는故鄕이그리울뿐이다

—(一九二五、十二)—

愛 ? (散文)

어느날밤에
『아々』하고 기픈呼吸으로부터 낫고가는한숨을지엇섯다。
이것이얼마나 무서운絕望의소리인지 나이의에아모도 드를사람은 업섯고놀날사람은업섯다。

기픈밤에 이불속에누어서 외이는혼잣소리나무엇인지 나스사로 늣기기를永遠에 向하야 粉碎하는心地! 왼宇宙의한편을爆發식히랴고 破烈하는무서운소리갓다고 늣기엇다。아모도모르게 혼자외우는소리 내알는가삼속 갓득찻든 憤怒! 怨恨! 들이팽々하게 부프러오르다못하야고만破烈한것가드다고 늣길사록恐怖는 무럭무럭자라서 電燈아래엇마는 가지각색으로 눈압헤어리워진다。

―웨? 사러가려느냐―
―무엇쌔문에 악착하게살려고 하로걸러 의사의신세를입으며 애쓰느냐―
―네모든環境이 暴君과갓치 너를업시하려고만 虐待하지안엇더냐。
―그리고네반가운追憶이라는 下鴨川의 물소리! 上野의 紅椿! 隅田川岸에 將來잇다든피아노소리! 追憶만고흔옛날일이 아니엇느냐 그것들이네게무엇을가져왓다고못잇고사러가느냐
―불덥이속에든 무엇과갓치 너를둘너싼것은 ―惡이오 너를직히는것은 모다. 不義다. ―속에 졂은生命을시달니는네마암이 얼마나그것을버서나고시프랴
―가련한生命 한번도服從치못한감방속에오래不自由하엿고 꿈에도낫닉어지지안은 不義속에믜운捕虜이엇섯다―

―― 그러나 尺度와 重量을 잇지마러라 네적은한몸이다만 원宇宙에對한 조알하나의 分量이아니냐? 그러나너는 생각하기를宇宙는 나와갓치 적은것으로成立되엿다。내가만일破烈되는 境遇에宇宙도한편이 粉碎한다고 생각한다 ―― 그러나헛心應임을잇지마러라! ―― 그理由는네가알듯이 너는 이宇宙에 아조 異分子인때문이다。
―― 努力은킷스나 功업섯고 오래살려고하면할사록 죽게되는生活 그것은 온전히너의것이다 ――

　　　　×　　　×　　　×

　나는무의식가온데 죽엄을 결심한듯이 오랜原稿뭉럭이를 뒤이면서 내가 이세상을 써나는날남기어두지못할글발을 업시하려고 하다가 片紙두장을 發見하엿다。
　한장은 하날빗갓치프른 셔양봉투속에드러잇섯고 하나는 역시프른 조선봉투속에드러잇섯다。

서양봉투속에 잇는편지는 보지안어도 『누님 사랑은 精神的親族써리 成立
되는것이오 쏘그種子를 나어야 하는것임니다』하는 이宇宙가가진이만음
予盾을가진편지이고 한장은 다―記憶은못하는 『아름다운 K 孃』이라는
말로부터 始作된퍽긴片紙이엇다.

나는 어느덧 이상한 나스사로 어듸서배웟는지 理解하지못할調子로
소리놉혀읽엇다.

×　　　　×　　　　×　　　　×

『아― 古往今來에 어나것이나 살펴보면 스러지고 석어지는것이
原則인것갓슴니다 그럼으로宇宙는 寂滅하고 人類는 死滅함니다 그러나
이멸망하야가는 宇宙와 人類間에도永久不滅의것이 잇슴니다. 그것은곳
信念이요 至誠이요 眞理요愛이외다 그러므로모든것이 滅亡하여서
자최를차질수업스나 그대로 人間에남어잇는것은 愛임니다. 宇宙建設

의 柱礎가 愛이요 支持가 愛이요 人生의 土臺가 愛이외다 卽다시말하면 愛는 生命이요 萬劫滅亡치안는것이곳 愛이외다. 愛가 끈친다하면 곳 죽엄이요멸망이요 荒天이외다。 換言하면 『人生은 愛에나서애에살다 愛로죽고마는것이외다』웃고 울고 動하고 靜하는것이 어나것이나 愛의衝動이 아닌것은 하나도업슴니다. 萬一에이世上에 古物을찻는다면 곳愛를차즐것이요 新物을찻는다면쏘한愛를차즐것이외다。 換言하면 愛는永久의古物인同時에永久의 新物이외다。 그런중獨逸의俗談과갓치 『胡桃를먹으려면 먼저굿은 外殼을쌔치지안으면 안된다』합과갓치 우리가 眞正한愛를찻자면 참으로周圍의 모든事情과環境이라는滋味업는 外殼을 몬저 打破하지아니하면 아니될것임니다. 그것을쌔치지아니하고는 決코 참된愛、밧고야말하면 愛써운愛를찻지못할것이외다。勿論누구나무 르면 사랑한다고말할것이외다。참이외다 이세상에는 누구나 愛라는

뜻이잇는것이외다 혹은人類愛、혹은同胞愛혹은家族愛、或은姉妹愛、참이외다온갓愛가잇는것이외다 그러나그것은外的愛이외다。참으로愛싸운愛는아니외다。勿論그런愛도잇서야 하기는하겟지오 그러나 보다더無條件盲目的自己도알수업는중에 信任하고 아니할내야 아니할수업는그것이라야참으로 愛이외다。世上이排斥하고온人類가 그르다하여도 더할수업시늘는피 소사오르는 눈물에서 우러나오는愛가 참으로愛이외다。혹은무슨條件을가지고 사랑한다하면 그條件이스러지는째에는 그사랑도스러질것임니다。즉그것은 그條件에대한사랑이요 사람그에게대한사랑은 아니엇던것임니다。

다시말히면 혹 사람들이 知識으로 人格으로黃金으로 어느사람에게 장덤을차저내여 그것을사랑한다하면 만일에知識이더나은 사람을 맛나는째에는 곳 그사랑이 스러질것임니다。人格으로그보다 나은사람을

보는쌔에는 쏘한스러지고말것임니다. 쏘한 黃金! 아니그것은 循環物임니다. 그것이다른곳으로 移轉하는 쌔에는 亦是그사랑도移舍를하고 말것임니다. 그러면그와갓치 條件이잇는쌔에는 모든것이 업서지고 말것임니다. 사랑은 사랑으로의 價値가잇서야 그사랑이라는 自體에 價値가 비로소成立되는것임니다. 萬有는집업는 放浪者와갓치 空에서 空으로 茫々히彷徨함니다. 사랑도主人업시東에서 西에서지南에서北에서 來往하면서 어딘나安住處를 찻는것임니다. 人生은人生이요神이아니며 쏘한獸가아니외다. 그러한것임니다. 靈的生活에만 滿足을엇을수업는 反面에 獸的生活도 그러한것이외다. 人生은神과獸의中間物이외다. 그럼으로 神을支配할수잇는同時에獸도 支配할수잇는것이니 萬有의支配權이오즉人生에게만잇는것임니다.

宇宙가 無限大한것갓치 人生 卽사랑도 無限大이외다. 西遊記에 孫

吳公이 自己의 能力을 釋迦牟尼부처에게 자랑하기爲하야 觔斗雲을타고 一日에 九萬里를 行하야 압헤 五介의 山峰中 第一큰봉오리에 『齊天大聖休於此處』라고쓰고 意氣揚揚하야 도라왓슴니다。 그러나 그것이 오히려 釋迦牟尼掌中에서 長손가락에 씨인것을 쌔다랏슴니다。同理로 사람사람마다 잠시 愛라는것을 맛보고는 그것이 全體의 愛인줄로 誤解합니다。 그래서 或은 失敗니失戀이니 합니다。 참으로우수운것임니다。 愛는無限大이외다。 愛는無限大이외다 아름다운 久遠의女性이 되기를 바랍니다。 비록 男女의 한 社會에서 아름다운 k孃이어 아모조록 이混沌갈피는 엇스나 이건片紙를 사랑으로 바드새요。

1925 9/11 一讀書友

이러한 긴편지를읽을동안에 나는죽으려고 決心하엿던心氣를어느덧
이저버리고 이편지의참뜻을알려고생각하게되엿다.

× × × ×

이것이무슨편지일가? 아모리생각하여도 艶書갓지는안코 또나를의
워서 한편지갓지도안은데내게한疑問을던지어내죽엄을잇게하는이편지가
무엇일가 나는窮理하면서 내일쏘사러갈생각에 얻는 수지뭉텍이를
도로차근차근싸버리엇다.

× × × ×

밤이새여갈때에 나는사람이세상살기는 사랑이아니고 『疑問』쌔문이
라고 늣기면셔 그기다란편지를다시곱게접어서 行李속깁히감초앗다.
밤은고요히새여갓다
―(一九二七)―

分水嶺 (小說)

희종은 세시사십분에 그저밤새운피로(疲勞)를곳치려고 목욕탕에갓섯다

그는자신의 회색옷에싸히운모양이 체경속에 빗치어뵈일때 무엇인지, 말할수업시 저상한감상속에 저저지는것을 의식하엿다

그의새게에는 아조깁흔어느곳으로부터 아조놉흔어느곳싸지 장송곡(葬送曲)보다 더처량한 멜로듸—가 낫추낫추 울려오는듯이 고달픈비애(悲哀)속에 숨맥히우는것갓하얏다

그는나라진행동으로 옷을버셔서 광주리에담어놋코 목욕탕으로들어

가…다가 옷을버서버린 그의전체가 다시거울에 빗치어뵈일쌔 한층
더 나른한긔분에 취하여짐을 쌔달엇다.

그는기지개를한번하고 목욕탕안으로들어갓다。목욕탕안한편에는 삼
십이넘엇슬지말엇슬지 침을하고무던한째도를가진녀자가 어린쌀의 적
은몸을 씻기어주면서 한편에물통을 세개나느러놋코 작난감을그우헤
띄워둔채 그리로만정신이팔니는어린이에게

『법순아 어서씻고가자 벌써 아버지오실째 아니냐』하며 타일느고잇
섯고 한편에는 일녀들이서넛이 느러안저서 서로등을씻기어주고 감
사한례를하다가 희종의고상한재래(姿態)를치어다보고는

『왕녀와갓치 귀여운처녀』하고이야기하엿다

희종은종용히 조선사람모녀가안준 바로이삽보압헤안저서 손발을씻
출째 비록여위고 창백하나 가즈런히구조된 날신한례격이 대리석상

(大理石像)갓하야 사람들은 눈이부신모양이엇다.

어머니가한눈파는틈을본 어린이는 비누질을실토록잔득하고 느러노핫던통들을 발길로이리밀고저리밀다가 다시하나식 낭손에들어서 옴겨놋느라고 열이낫다.

희종은 귀여운어린이의 천진스러운태도를 바라볼째 마음섯냉정하라고는하엿섯스나 무엇인지그좁은가삼속에 영원히쇠작가버린비밀눈이 작고혼들니우는것갓하엿다.

그는아련히 목욕통속으로들어가 더운물에 몸을담그면서 작야에 섬형의이르켜준문제를 쓰다시생각하여보앗다

……저는 이제와서 내가내생활규률을직히기위하여 남녀간깐게라던체 자긔말만을주장하려고하엿다

지 정과문제(情果問題)가른것은 말할수업노라고하여도 드른체못드른

무엇인지 선형이라는인간은 마성(魔性)의남자갓치 두려움을이르키는리성이다。저의천성은 남녀의관게박게 흥미업는것이안일가? 인정하고 신념도업고 리상도업시단지 남녀의관게박게 아모것도모르는 하층동물(下層動物)을 내가엇지하여야 할것이랴

그러나 나는그와련결(連結)하엿던 파거를가진것이다!

그러타고 내가지금그와결락(結托)하여가지고 무엇을하여야할가? 아니다 아니다 모든파거는 더듭오지못할것이요 온갓과실은 다시짓지못할것이다 사람의리상이 자긔를 완전한 신(神)의쑥력지로보며 도덕을근본으로한 꽁생게(共生界)에셔 영원한생존을게속하랴는것으로 관념(觀念)할째 션형은 영원히내세게에서 사라져야 할것이다。

마성(魔性)의시것! 열일곱살이 겨우된 어린소녀에게 고약한인생의 비밀을색이어 그의얏흔호기심(好奇心)으로 계야욕(野慾)을만족하

고 그나마 죄의종자(種子)를배게하야놋코도 모든문제를둥한히하야쓰며 심지어 희종의어린몸이 죽고살것도 무시하지안엇섯느냐 그런데 지금와서 모든과거를용서하라고? 사람이참으로 뉘우치고 용서할수가잇슬가 심히드믄일에지나지안을것이다……
희종이가목욕통박그로나와서 몸에비누질을하려고할째 동작란에실증이난어린아해는 희종의엽호로와서 희종의 목욕소용을 듸려다보앗다 몸을씻든회종은 고요한 어머니의음성으로
『이고무가 리상하냐』하면서 얼굴문지르는 고무를 집어주고 자식에 개대한듯한 자애(慈愛)를 늣기엇다. 자기에게도 그런딸이잇슬것이엇다
『아이 그것은 왜 주십니까』하고 어린이의어머니는 고달프게 무엇을련상하든 희종의십경에경종(驚鍾)을 울니엇다. 그소리가맛치 어린내짤을 애무(愛撫)할듯컨이 내게만잇노라는것처럼 희종을 놀내엿다

희종은 놀나운얼골빗을 겨우감추고 쓸쓸한우슴을우슬때 어린이의
어머니는 또다시그딸에게
『거 언니 어셔드려라 네작난감을가지고놀지안코그러니』하면셔 희
종을보고 만면의우슴을씌우고는
『이애는 아무것이나 보면부럽담니다 아이의싹시기도하시지 멧살
이나되셧슴니까』하엿다
『스믈네살이올시다』하고 희종은 화경한얼골로 어린이를담내듯이쏘
한번 내려다보앗다。어린이는 어머니의말이무서운지 고무를손에들고
도 어쎼케가지고놀지 생각이냉큼안나오는모양으로 희종의얼골만치어
다보앗다 어린이의어머니는 다시말을니어 『아이고 어리여도퇴이시지
나는아죽 열칠팔세박게안되여보이기에 이애더러도 언니라고일녓지오
이애게도 맛츰당신가튼언니가잇담니다』하엿다。

『그러세요』하고 희종은 자기의남모르는번민이외월한것갓치도염려되엇다.

어머니는 그딸의손에서 긔어히 고무를쌔아서서 희종의손에 쥐어주엇다

맛츰 네시를첫다.

『지금쯤 선형은 왓다가가리라』하고 희종은널려하엿다. 희종과선형은 이새맛나자는약속이 잇섯던것이다. (그들은 전에부부이엇섯다.)

그렷치마는 그는급히 목욕탕박그로나가서 옷을넙고 밥비 자긔의 려관싸지 갈수가업섯다. 그는도로혀 천천히몸을씻첫다. 그는어릴째는 어머니의손과유모의손에씻기엿슬것이오 자라서는 자긔가날마다 씨고 문질너셔 조화잇게발육되고 탄력잇고 윤택한피부를소유하게된자신의 신체를애무하엿다

『아름다운이』라고 일녀들은거듭 희종을 탄미(嘆美)하면서 고만 목욕탕박그로나갓다.

어린이와그어머니는 아즉도 쌔를밀고잇섯다. 그들은 목욕이라면맛치 한껍대이벡기는것갓치 씻고 쏘씻고 하는사람들중에 하나이엇다

어린이는 드립싸씻기어주랴는 어머니의손을피하야 부리세로만든 작난감을가지고놀앗다 그작난감들중에는 타원형으로리상한통을만든다음 에그가운데 가느다란 관을세워서 밋호로 물을저축할스록 우호로씁어올니는 분수긔(噴水器)가잇섯다.

고사리갓흔 적은손으로 물을웅크리다가 통에너으면 물은 가느라관으로올나가셔 세갈내네갈내로 씁어오르다가다시내려오는것이엇다 희죵은물담기는 저수긔(貯水器)를 바라보고씁어오르게된구조와 물갈니는리치를 생각하다가 자긔의번민과 고만 혼동하여 져것도우주

의 한전상(轉相)으로 지금내환경과 방불하다고범연히늑기엇다。

× × × × ×

그는이봄에 동경 T녀자학원××과를맛초고 자긔의외로운생에에를어
듸나안전한곳에 의지하도록 사사모사(事思謀思)하던것이엇다。선형이
와 아조혼인을하여버릴가? 더연구를하여나갈가 신앙(信仰)의생활쏘
봉사적(奉仕的)생활? 그는바로 네갈래로길갈니는 분수령우헤의 태롭개
선것이엇다

그는 단지선형을위하여 조선에도라와서 중대한승락을하지안으면안
될이시간에 외인(外人)이경영하는전탕(錢湯)속에안젓다。그도난처한청
년이엇섯다。

일초분을다토아 조끔느리고 조끔쌔른일거일동이 그의일생을어느편

愛人의 선물

四五

으로나 치우치게할것이엇다

그는자긔를향하야 셔로이기라고손질하는 두갈래의길을똑바로 볼수
잇는것이다

한갈래의길압헤는 션형이가섯고 한갈래의길압헤는 희종의리상이서
잇다。 하나는 십샐개셔부르고 하나는 새파래셔부른다 한갈래에는 불
길에데일염녀가잇고 한갈래에는어름에어름널려가잇다

그는 불에타죽을만치 어름에어러죽을것을 무셔워는한다 그러나 선
형에게류련(留戀)되는바로인하야 자긔의리상을 허러버릴수는업슬것이
다。 하것마는 그는완고스러운 결혼긔피증(結婚忌避症)에걸녓든이만치
그자신안에무엇이아즉선형을요구하고잇섯다。(그는 두번혼인하기를쓰리
는녀자이엇섯다)

한길에는 질루 부패 퇴패를의미한 버릇이형형색색으로뵈이고

한길에는 인내 고난 진보를의미한 성질의 청교도적(淸敎道的)생

활이 전개(展開)되여뵈안다

그는이지독한대조를보고 과거와류련되는선형의일을 아조속자고하면

지금이자리에서 더느린행동으로 이러서야할것이엇다.

× × × ×

× × × ×

『애기의작난감은 의색기도하다』하면서 희종은어린이에게 말을걸고

『언니 이거줄가』하고 어린이는 분수긔를 희종에게향하야 처들엇

다. 다섯고 맑은물싸지씨언젓던몸을 다시목욕통속에담엇다.

『그것은아기 작난감이니 아기가가저야지 언니는더큰 분수령(分水嶺)

을마음속에가젓단다』하고 희종은 고만차게우서버렷다.

四七

어린이의 어머니는

『이 동리계십니까 늘이목욕탕에 오시엇서요』하고 무럿다

희종은서슴지안코

『동경잇다가 잠간 단일녀 왓담니다』하엿다

어린이의어머니는 동경이라는말이 반가운지

『동경게시엇서요 거긔서 공부하심니까 이애읍씨들도 동경서공부한담니다』하고뭇지안는말씨지대답하엿다. 아마그는 누구의 후취부인인모양이엇다.

『언니 동경엇서요 읍바도동경엇지요』하고어린이는 점점 희종에게 낫닉어지는모양이엇다.

『그러세요』하고 어머니에게뭇저대답을한회종은

『아기도 동경가고십지안으냐』하엿섯다

어린이는 희종의말에 흥미를가지고
『언니나도가요 언제가요언니』하며 조르는속이엇다
『오늘밤에 언니는 더공부하려 동경으로간단다』하고 희종은진정으로
어린이에게 고백하엿다。
희종이가 목욕탕문을 나섯슬째는 어린이의모녀도 이미돌아가버리
엇섯던것이다。
그는려관으로도라가자마자 짐을실어가지고 룡산으로향하여 나갓다
길가에는 아가시아의향긔가놉히엇섯다。(끗)

日曜日 (小說)

취운정(翠雲亭)에도 가을이 기퍼서 상록(常綠)의 그늘아래 누렷케황든 풀수풀사이를 차염옷입은 활량들과 버섯싸는 녀인들이 오락가락하얏섯다

십월제삼일요일오정째 재 동서 취운정을향하고 올나오는 나들이를 살, 피여보면 드믈지안은 산보객(散步客)들에 김은수목옷을입은부부갓흔지 남매갓흔지 수한남녀두사람이잇섯섯다

남자는 최한순이라하고 매일갓치이학교저학교의보단을가려달고 일년이면 삼백륙십여일치더라도 하로도학교에가는날이라고는업섯고 녀자는 조운경이라하는데 소위녀학생이랍시고 ××녀학교애 일흠을적고

학교에서배왓는지 거리에서배왓는지 포ㆍ타ㆍ멘ㆍ드ㆍ버릇잇는류행향가와 껌
방진것말들을외여가지고 최가나리가나 자거를한번 거듭써보기만하면
다행으로녀기며 흐려새진눈알을이리저리굴려스던것이다。

그런데 최남과조녀는 맛치숙녀와군자의상대로 하로에도열천번식잇
는듯로 『영원한사랑』의약속을 단단히맷고 일개월이라는이래 하로
가머다는듯이 서로찾고서부른것이엇다。오늘도 일요일임을빙자삼아
그들에게 어느날아니 일요일임이업섯스련마는 만흔사람틈에서기기가
소원인지 동부인격을차리여 여긔에이른것이엇다
그들은 바위아래 샘물러싸지와서 허무러저가는다락안을 디려다보
며 보손을깁고안젓는눈먼거지에게 박아지를벌녀려고하엿다
거지는자긔의압흘 쓰다듬어보다가 답답한듯이

『수복아 수복아 저어른들에게 박아지를벌니어드려라 수복이어듸갓

五一

니?』하며 엽는아해에게일넛다
『아이구 고만두오』하고 졈은녀자는동행하던남자에게
『한손씨 우리손말것케싯고 손으로써먹읍시다』하엿다
『아무러케나 운경씨생각대로하여보지오 나는목도말느지안소』하고한
손이라는남자는실치안한표정으로 대답하엿다
저들은훌늉히 오늘의 『사랑하는체』의연극을 가장정답게 흥행하는
것이엇다
거지는 자긔힘에모자라는공덕을 남에게써호려고 하다못하야 미안
한듯이 도로보손을집어들며
『아마 우리수복이가들고 밥엇으러갓나보오』하엿다
『네 고맙소 압히보이지 안어서답답하겟구려』하고 청년은인정스럽
게불상한이를동정하엿다。 눈먼거지는감사한듯이

『말을 다하겟슴니싸』하며 보손을깁노라고 압흘쓰다듬엇다。
『한손씨 이리오소 이물맛이야참좃소』하면서 저의동행은저에게 물마시기를권하엿다。 한손은부르는곳으로발거름을옴겻다
저들은나란히 물러압헤안저서 손길을옹크려 물을쎠먹고 일어나서
불상한눈먼녀인을 거듭돌아다보며 산비탈을우흐로올나갓다
저들은 이십내외로보이는 히름한쳥년이엿다 그중에남자는중키에압
히숙고 녀자는적은키에 우둥퉁하여뵈엿다 저들은전생부터 미(美)에대
한 아므런리상도업섯든듯이 하충동물적본능(下層動物的本能)에만살깃
다는쎨을하엿다 그대신저들의행동은 무엇을하려고하던지 고통이적을
것갓하엿다。그대신으로하고십흔바를 억제하지못하고 달니하려고하
지도안을것이엿다
저들은 구곡구절한 산비탈을이리오고저리가고하야 지행업는길이라

한고개를넘엇다가한빗탈밋그러지던것을。 어느편한플자구니로선지 들녀오는녀인의우름소리 갓흔것을들엇다

저들이 공연한호기심으로 우름소리나는곳을차저가서 바위밋헤몸을 감추고엿볼째 낭써러진바위밋헤 샘물흐르는소리가 한충고요하고 한엽흐로는 하늘놉히만 아시노라는듯이 키큰청년이 지옥의수귀(首鬼) 『하드쓰』에게 기름과살을다쌔앗기엿는지 창백한시든피부와 여윈진체구우헤 어된지헌칠한그림자를남겨둔말는얼골을 우호로우러러 눈을감고섯고 한엽흐로는 그머리그억개 사랑스럽고 귀엽게뵈이는 녀자가 청년에게개등을향하고 흐득흐득 늣겨울엇다

목석(木石)인가의심할만치 남자는언제쌔지든지 하날을우러러 묵상(默想)을게속하고 녀자는언제쌔지든지 얼골을두손으로뭇고 우름을게속하엿다

송풍(松風)이 산마루넘어로 숫처가고 숫처왓다。 놉흔솔나무가지에는다
람쥐들이 인적을엿보앗다。 모든것은 무엇을엿보는듯이 잠잠하엿다。
나무가지를 **물**어가던 까치조차 무엇을엿보는듯이 부동의자세(姿勢)
로섯는이를직히고안저서 날나가기를 이저버리엿다
다만적은샘물소리만이 역시한쌔리라—는듯이압흘향하고 끈힘업시흘
러내려갓다。

우는녀인의서름은 점점기픈끌에서 넘처흐르는듯이 힘잇고소리업서
젓다。싹가세운듯이섯든놉흔이의 얼골에서도 눈물이 그햇속한쌤을굴
러내려왓다。

맛참 오포소리가 산꼴에써지울녀왓다。이쌔는 그근처를 갬놀던새
들도날개를페고 다람쥐들도 쇠리를감초앗다
어때로선지 절간종소리가 멀리로울녀오는듯하엿다

놉흔이는 대리석(大理石)에생명이돌듯이 진한숨을내쌥고 그빗난눈을바로쓰고 무엇을불상히녁이는듯이 우는이의염호로가서 그억개우헤 기다란손길을 올녀노흐면서

『희정씨 우리는 모든째를 놋쳣지요』하고 슙흐고슙흐게 그러나위로하는듯이일넛다

『희정씨는 공연히공부공부하고 나는공연히 리상리상하고 맛치괭이찻노라고 밧갈째를놋치듯이…… 참우리는 너므도순진하고너므도 우직하엿던것이요』

우는이는 위로하는이의손길알에서 한거름물너서며 우름과말을석거서 『모든째 는흘너저가고 모든밋음은쌔여젓슴니다 그동안에 우리들은정처업시방황하던것이안임니싸 그런데우리의미련은 쏘다시의미업슨맛남을 남몰내하여가지고 사람의눈을속이여 이곳에서헛된뉘우침을하는것

안임니까 우리의새이는 오해로막히엿섯고 죽엄으로저주하다가 파실로쏘다시뉘우치려는것이안임니까 그러나우리는병들어 압날이멀지안코 그나마 생(生)에대한아모런애착조차업스면서 우리가지금이자리에 무엇을하고엇담니까」

우는이의 우름은 더흙흙늣기엇다。 놉흔이는한거름 우는이의몸갓가히 써라나서며

「그러나 희정씨 우리들은 과거에파란을격것다할지라도 쏙한법측알에갓흔정도의번민으로살어오지안엇슴니까 희정씨와나와는본래부터 금욕주의자(禁慾主義者)이엇고 쏘한쯔리의신(敎理의神)을섬기며 그회당에서늘맛낫던것안임니까 우리는아모런생리적요구를늣기지안코 회당도갓치단이고 놀너도갓치단이고 번민도갓치하고 생각이일치(一致)되고 행동이융화(融和)되다가 우리의환경의사정으로 갈

너웟젓슬째 당신이나를열마나저주하고 못밋어워하시엇지마는 한골에
서 흘러내리던물이 지형에써러한참갈니엿던것이안임니까? 그러나우
리의과살은 찰하리너무삼가던데엿지안음니까?

사람은 완전(完全)을차저가는 미성품(未成品)이어서 완전을구하려
고 생명에걸여동경(憧憬)하면서 내자신을완전에갓갑게 쓰러올니려
힘쓰는것이지마는 사방우리의눈에빗치는것은 제일의식업시다만천진스럽
게사피이고 해여지지안오려고만 억지쓰는새이를 늘두가지
리하던지 불합리하던지헤여지지안으려고 합
로보게됩니다。 즉우리가 피곤한째는 그것도관개치안타 도건강할째는
더러웁다고…… 결국 더러운것은사실임니다 하것마는 우리는무슨일
로 이갓치슯허합니까 우리가한곳에서공부하다가 한진리를송상하다가
쏙가튼사정으로 허여젓섯것마는 쏘다시한곳에맛나게되여 가튼병오

신음하며 가른쭉덕으로살어나가지안음니싸 그러나 우리는후회가잇지
요 그것이즉 우리를병되게하여 우리는이후에살어나갈압날이멀지안타
는것임니다 하지마는 우리는 그럴스록 동지(同志)가필요합니다。즉
어느째죽던지죽엄을 나름다웁게맛자는 합쌍의결의가 필요한것임니다』
할새에 녀자의울음소리는 더욱놉하젓다 맛참내 참다못하엿던지 그남
자는 그녀자의곱게야원얼골을들어 눈물을씻기여주엇다

　　　　　×　　　　　×　　　　　×

『아이구얄구저라』하고 운경은한손에게쑥색이엇다。한손은인귀적을내
이지말나는듯이 운경에게는손질을하여보이고 운경의손목을잇글고 산
비탈을가만히내려간다
운경과한손은비탈길을 걸어내려가면서
『우리는 이러케공부아니하고 놀기만해서엇째구』

『글세 피차에 학생생활을 하여 가면서 자조 맛날수도 업고…… 안맛나도 부안되고 맛나도 공부안되니 난처한일이야 그까짓것우리공부 고만하고 시골로가서 농사나지어먹을가』

『아이엇짜구 백줴 공부한다고 고생만햇싸코 그냥내려갈수 잇는고오』

『공부한사람에게도 별일이업는것이오 시방거긔서울던사람이 웨우는지를 아시겟소 그들은공부를 만히한이들이오 그러나 슯허하는정경을보시요 소위학문이얼마나 사랑을 행복되게하는가를 우리는 조흐면 그저웃고 설으면쏘울고 사랑스러우면서로 쓰러안고 잘못하면서로싸우고 재리기까지라도하다가 불상하면쏘다시서로 위로하고 서로혜여지지만 말고 갓치사는것만이 필요한것이오 그외에복잡한아무런일도 소용업소 과왕이러케된바에 시골로가서 농사나 짓고 재미나게삽시다 인제우리싸위는공부하기를 니엿소』하엿다.

그들은화평한낯빗으로 서로이르고무르면서 日曜日을줄기는것이다。
(쯧)

두 愛 人 (一幕四場)

人物

주인 이십륙세의 후덕스러운청년

안해 이십내외의 숨쉬는듯한 눈동자를가진 청초한녀자

유모 오십내외의 인자한녀인

침모 평범한삼십내외의서울녀자

그외의 차부 박물장사 행낭어멈수인

一 場

時節 봄날 오후

舞臺

　막이열니면 화려한중류이상가정 대청의중앙둥그런탁자우에는 살구 쏫병이노혀잇스며 좌우엽헤벽을의지하야 책을가득가득담은 책상들이 즈런히노혀잇고 동편으로는 큰방으로가는미다지 덧문이뵈이고 서편으로는 건너방에들어가는 미다지와 둥그런들창이잇다 그외에쓸아래로 중문과 부억문도잇다

　대청넘어로보히는 후원에는 살구쏫과 개나리가난만히피어잇스며 멀즉이래를잡은벽돌담밋헤는드물게선 수양(垂楊)이프른실을느럭느럭흔들고　봄새의지저귀는소래조차노곤하다

침모는털채를들고 책장과탁자와 미다지를 부즈런히털고단이고 주인은조선옷을입고 탁자가를 슬립쎄도신지안은채미심한일이 잇는듯거널고잇다.

주인—그래아씨말슴이 이제부터는 안잠자기도두지안이시면서 저더러도 맛당한곳을구해서 나가라고하시어요.

침모—네 그런비용으로 더공부하실책을사시던지사회사업을하신다구하시면서 저더러도 맛당한곳을구해서 나가라고하시어요.

주인—그러면 살림사리를 손소할터이라나?

침모—그야 유모가 아죽늙지안으섯스닛쌔 그를밋으시는모양이시지요

주인—그러타하더라도 내의복은엇지할모양인구 자긔는 녀학생긔분을 버리지도안코 공부할생각만을 가지고잇스면 (족세주머니에서담배를 쓰내부치윰다)

침모—아마 나리쌔서는 양복만입으시도록 하실모양이신가보아요。

주인―(한심스러운얼골로 담배를피우며 말업시탁자근처를거닐고잇다)
(대문열니는 소리가나자 처녀다읍게 청초한복장을한안해가 조용히
들어온다)
주인―(반갑고 놀나운얼골로)아― 그정이 어디를갓다오시요
안해―(주인의말에는 대답업시 대유박을 내여다보고)차부 그책을
이리드려다주 (명령한후 천々이 댓돌압흐로걸어간다)
차부―(책을한아름들고들어와서)어듸 노흐랍시요
주인―(관후한 얼골로)응 책인가 이마루쏫헤 갓다노하주게
차부―(책을 마루쏫헤 노코 쌈을씻츠며 사치한집장식을 돌아다본다)
주인―어듸서오는길인가。
차부―종로에서옵니다。
(주인은 포켓트에서 돈을쓰내 차부를주니 차부절을하며 밧아가지

愛人의선물

六四

고 나가버린다)

안해─(차부가 돈밧아가는것을 댓돌우헤서서 바라보다가 말업시구쓰ㅡ을벗고 건너방문압흘 바라보며)침모 저긔잇는 슬닙새 좀집어다주어요

침모─아이참 쓰이저버렷슴니다그려 외출하신째는 마루압헤 노하두라고 하시든것을 저는정신이 그러케업담니다

(미안한말을하면서 건너방압헤 노혀잇든 쌜간슬립새를집어다가 안해가올나스려고하는 마루쏫헤 노하준다)

주인─(차부가 갓다노흔 책을이책저책펼처보다가)여보 그정이 당신은 푸류단(淸敎徒)이라도 되려는셈이오 여긔책들은 죄다 헤부라이윔주의(主義)의서류(書類)들이안이요。

(안해 말업시 건너방압흐로가서 방문을 열려고할때)

주인—여보 긔정이 너므도 냉정하구려 무슨일로 노엿길래 사람이
세번네번말을 걸어도대답이 업단말이요。
안해—(피로운듯이 뒤를돌아다 보며) 웨 그르서요
주인—(피로운우슴을씌우고) 흥 오늘은 당신의제일 첫애인(愛人)인
김춘영군을 맛낫구려 그러닛가 오늘만은 나도당신의금욕주의(禁
慾主義) 련애신성(戀愛神聖)을 존경하여드릴터이요 하지만 파도
한 침묵주의만은 더참지를 못하겟소
안해—(대단한 노긔(怒氣)를얼굴에씌이고) 무엇이라구요 나는책사에
갓다옴니다!
주인—여보 긔정이 당신은 포군(暴君)갓구려(말을맛치고다단담배를
탁자위 재터리에 던지는체하며 대쓸엽헤 내리섯는침모에게 눈짓을
한다。침모는부억으로 들어가버린다。주인 다시돌아서며)비록일흠쑨

六六

인 남편일지라도 내가잇는이상 당신이홀로나아가단이면서 설마 다른남자와 밀회(密會)를 하엿스리라고는 생각이안되오만은 당신이전일부러 존경하는주인—나는김춘영군이 회부리주의자일지라도 당신이하필 그참혹한 이중생활(二重生活)을 본밧을필요가 어데잇단말이요 김군이야말로 참령리한남자이기때문에 가는곳마다 주위의 인심을 일치안키위하여서 더욱이뭇사람의동경(憧憬)의초점(焦點)이되는 너자의마음을질겁건도록 조종하는것즘은 죽먹길것이요 그런사람이 당신이내게하듯이 그처자(妻子)에게냉혹(冷酷)히하리라고는 생각이되지를안소 그러니 기정이도 그이를 본밧으려거든 내게도 너므섬々치안토록하여보시오。

안해—(참으로피로운듯이 머리를푹숙이고)제발 그런 잡소리를마서요 내머리가러질것갓흠니다。 나는단지더잘살기위하야 나의리상을차줄뿐

愛人의 선물

六七

임니다。

주인—(안해의 압헤 무릅을쑬코 안해의 하얀 치마자락을 붓잡으며) 이러케 내가 당신압헤 무릅을쑬코 비는것이요 제발그공상루각에서 좀내려와서 이러케갓치 살게된이상 부듸화평한가정을일우워봅시다。

안해—(무섭고 실은듯이손으로 치마자락을썰치며) 노서요 이것이무슨 즛이야요 이것이화평한가정주의(家庭主義)라는것이요 사람과사람사이에 굿이약속된조건을무시하고 웨 축축히남의치마자락을잡으서요。

주인—나는 당신을사랑하는것이요 사랑에는조건이업는것이요 (말을맛 츠며 두손으로 안해의치마자락을잡아서 안해를자긔품에쓰러안으려한다)

안해—(냉정히경멸하는표정으로)사랑에는조건이업다고하지마는 순결이라는요소(要素)는 구비되여잇슬것임니다 저리가서요, 저리가서요!! 오늘부러 당신은 나와 약속을 쌔리린나와 아모것도 안되는남입니다 저리가서요!

(남편. 안해의 아릿나드리를 점점셔안는다 안해 자긔에게점점갓가히 하는 남편의억개를쌔려 물니치려하며)당신은리성(理性)을아조일허 린사람임니다 나는 리성을일허버린사람을 잘처치할줄안니다 유모!유 모! 이리좀와요 (유모 부엌으로부터 황황히등장한다)

유모ㅣ웨들 쏘그러십니까 사랑쌈이시지요 아씨니므ㅡ서방님께쌀수히 구시면 어멈의죄까지 커짐니다 (유모는 안해를건너방으로 모서가다

남편ㅣ(절망한듯이)내가눈이 어두운사람이다 세상에일홈만부부생활을 하겟다고 손가락한아 안댓치겟다는조건을붓처가지고 허위의결혼을하 는 남자가 나박게쏘어듸잇슬나구 세상에인심사지일코……아하이날 이언제나 망해버릴것인가(대청마루한복판에서서 먼하늘을치어다본다)

愛人의선물

六九

(건너방으로부터 안해의 「이것이다 누구의 죄인줄을아나? 유모가 공연히 녀자는 혼인을 해야하는이 마는이하고 사뭇나를 쎄여내인탓이 안인가? 저이는 나를 아모구속업시 영원히 살린다는 약속을어듸직히 는가 내가 이러케 고난을 당하는것이 그래 유모의눈에는 보기조혼가? 참 우숩다— 저이가 그래 무조건으로 내생존을 영원히 보장한다는인가」 발악하는 소리가 들녀온다）

—（幕）—

二 場

舞 臺

일장파갓흐나 탁자우헤는 복송아꼿이 꼬치엇고 책상에 가득가득 싸히엿든 책들이 세무덤이로난호여 마루우헤 싸엿는데 유모는 마루바닥에 안저서 책을이리저리 안해가가리키는대로 가려노코 안해는 아래위로 옥색옷을하게얄이은채로 쌜간교의우헤을나서서 책을내리어유모 를준다.

안해—(책을차래차래내리다말고 냥손으로 목델미를페우며)유모내가 이러케 세월을 보내는동안에는 내어머니쎄서 나를고요히 쉬여주시든자장가를 이저버리게되는구려 내가엇져자구 내어머니의 방안을 아장아장거려단이며 금방울소리로가득채우든시대에서 멀리멀리지나왓든가!(소리를놉히여)유모! 내가육신의전조만은 직혀왓다할지라도 이남자의환상(幻想)에서 저남자의 환상으로쒸여단이며 온갓행동을 좌우하는것이 단지일허버린 내어머니의 그화평한 행복스러운얼골을 찻고저하는데지나지안는것이라오 하것마는 서르른 화가(畫家)가 사자를그린다고 일히도못그리는것갓치 나는행복을찻노라는것이

고 어린머리를숙여 소원을일워지라든 신앙(信仰)생활에서벗어나 내
불행을차자드리는것갓구려! 아하 하나님의성단압헤서 붉은옷을입
마음속일즉이 아모도이르지못하게한자리에 어느결집을덥흔인격을안
치고내희망전부를걸어? 아아 (숨찬호흡을간신히하며 썰니는손길을가
삼우헤노코)유모! 이숨찬것을좀보아요 내맥은무엇이라고 이러케썰
는지내손길이 썰니는것을좀보아요 유모라니싸!
유모—(졸면서 내려노흔책에 몬지를털어 마루옷헤놋타가 삼작놀나손
길에들엇든책을 고만무릅팍에 써러트리며) 아씨 웨 그러심니싸.
안해—(피로운듯이우스며) 유모 졸니운거구려.
유모—(미안한우슴을우스며) 이러케늣으니싸 늘 졸니웁답니다. 그런데
아씨는 엇저녁에한잠도 안즘으섯스니 좀졸니우시겟서요.
안해—오—참 유모는 엇저녁에 나리와 나와말다틈하는것을말니노라

고 한잠못잣구려 (가엽슨우슴을 입가에씌고) 아이가엽서라 어서
하로밥비내가 행복스러워저야 유모도편한잠을자볼것아니오。
유모—(눈이번썩씌는듯이) 아씨쎄서 행복스러우시면 개서 더엇더케
행복스러우시겟서요 부자댁 외싸님으로태여나서서 어머니쎄서 세
살쎠나신후 얼마샹안 고생은하시엇다할지라도 이러케호화로운댁
맛며누리로 남부러울것이업스시니 좀조흐세요。
안해—(원망스러운듯이) 유모도역시 내편은안이구려 나는결국외로운
사람인것이분명하지 어데다가 속말한마듸 할곳이업지 그러니싸
지금싸지유모도 내심복이 아니엇더란말인가? 그러면잇새것내가
유모에게 이러니저러니 사정이야기해온것이거진다 유모에비위에
거슬니엇더란말인가?
유모—(죄송스러운듯이얼굴을숙이며) 제생각에는 아씨쎄서 너므 팔자

七三

가조흐시니사 썬염려써지하시는것갓치박게 뵈이지안는담니다 그러
나저야무엇을안니싸 밥이나먹으면일이나할줄알고 시집가면 한남편
섬길줄알고 고용가면한즉 인섬길줄알샌이지요。

안해—아이어멈 그런말을좀근처주어요 나싸지 그러케되여버리는것갓
해요 그런피상망측한 현실(現實)에낫익어지는것이 내게될쌘두안한일
이안인가? 어서아므소리말고 이책에몬지를털어서 마루솟해내노하요
누가 이리로 시집오겟다고맨처음부터 하엿더란말인가? 모두유모의청승
마즌방장대문에이리로와가지고 밤마다싸움질이나하고 별별연극이다이
러나는것안인가? 그러기에내가처음부터 무엇이라고하더란말인가이대
나리씨서 하도간쳥을하시니사 이리로오기는오더라도 어되 남녀(男女)
의관게로 온다고하엿던것인가? 반드시 동성간(同性間)친구와갓치
지나자는 조건을붓처가지고 온것이지(무엇을락심한듯이 머리를속이

다) 그럿치만 나는 남편을차자 헤매는것은안이지……

유모—(심란한듯이 책을떠러서는 마루압흐로내여놋라가)아씨 자근아씨 저보고그러케대들지를마세요 저야단지자근아씨쎄서 더잘되시기만바라고 모든일을의론하여드렷든것이지요.

안해—(좀삭으러저서)그야그렷치! 나도유모가 내속이야기한마듸도 잘밧어주지안으닛가 고만열이나서하는말이지 내가어듸갓치살남자를 찻는것인가?

유모—온천만에 언제어멈이 아씨말을 잘밧어드리지안엇노 고하십닉싸.

안해—안이 잘밧어주지안는다는것이안이라 조케생각하여주지를안는다는말이야.

유모—(비로소 화평한낫을지으며 어린이틀귀여워하는눈으로 안해를치어다보며) 저야 아씨쎄서무슨일을하시던지 강보에서부터 밧어길

러드린아씨가 그저귀여울뿐이지요.

안해—(비로소락종하는얼굴로) 그런데 우리다른이야기좀해요 응 유모! 이넓으나 넓은세상 쓸々한정경에 썩우리두사람만이 서로밋고의지하여야하지안우 응유모 유모도 아들색지버리고 나를써라온 이상에 아모조록 내뒤를잘보아주어야하지안우 (유모의 얼골을 가웃이되며다본다)

유모—그러코말구요 제가재작년녀름에 길가온대서 자근아씨를뵈옵고 얼마나놀낫던지요 그째엇더케 신색이못되섯든지아씨쎄서는 설마제가길녀드린어득갓지는안하섯담니다 그러나 아씨의얼골을한참 듸려다보니 눈매입매가 그전모습이안이겟슴니까? 엇더케망극하던지요 (역시책을밧으며)

안해—아이 (좀붓그리는래도로) 저—어멈이시굴가잇는동안에 내가열여

들살나든 겨울인가 그해에 엄마는 도라가시고 저—(음성을낫추아서) 아버지는 실상 어멈이 알다싶히 게부가안이엇섯소? 그런데 엄마도라가시자 한달이못되여 저—서모가숭차를하겟나 그러더니 되립다별々피상스러운연극이이러나기시작을하는데 내눈에서는 눈물마를날이업겟지 어머니 도라가실림시에는 아버니 독녀이어머니가 도라가섯다고 내가네눈에 눈물이호르]도록 하겟니」하면서 어머니가 내주머니에너허주시든 금붓치와 보석을 죄다쓰내가더니 쌜간거줏말이겟지? 그래서 나는 주머니에 돈한푼넛치안코 집을나와서저—(음성을낫추아서)헌책장사를해서먹어가면서 듬읫는대로 도서관에도단이고 어학도더배우고하엿지 그…… 때 나는 저ー회당에서 김춘영씨를뵈왓다나 그때 그어럭이 단정하시고 청신하여 뵈시던일 시방우무엇때문인지 안체 모른체하시지만 그때 는 무엇인지 친절도 하시엇지…… 그러나 엇던때 는 눈물이나도록

매정도하시엇서…… 아마지금생각하니까 그부인이개신탓이엇는지……
모르지(역시책을내려서 유모에게주며)참넘우놀나와서 뭇지도안엇지마
는 김춘영씨부인이라고하면서 여긔왓더라고하던녀자는 엇더케생것습
듸싸유모아주 픽'잘낫습듸싸? 아마 김선생쎄서는 내가일생을 이러케
눈물가온대 지나갈것도모르실것이요(무엇을한참생각 하다가) 그것이
쏘당연할일이지…… 그러니 내—마음이키—일흔배모양으로 바람결을싸
러 청교도(淸敎徒)인 김춘영씨에게서 사회주의자인 리판슈에게로
옴겨가는것이안이요 (책을내리다말고 먼산을보며) 것잡을수업는 뷔
인마음!

유모—그러치만 아쎄쎄서는 단벌옷을팔어서 미천을하여가지시고헌책
장사를하여근근생화하실째도 김선생님 리선생님생각하시엇습니싸?……
아쎄쎄서는 이미 남의귀한댁아씨가되신바예야 왜 남의집보금자리를들

추어버리실야는듯이남의내정을무르십니까? 그안악네는아씨보다 야무
지게생겻던걸이요 그러닛가 그안악네도 아씨쎄서 김춘영씨가가리키
러단이신다는학교로 차저단이신다는것이 수상해서 일부러엇던 어
른인가보러왓던것안입니싸 그런망신을 다당하시고 참싹하심니다。
안해ㅡ아아어멈이 나를제법라일느는구려 그러나 지금내말이유모를
빈정거리는것은안이요 하지만 나는 내가아주여지업시구차할때부러
선생님을사모하기시작하엿다가 그가여지업시 냉정하여진때 나는고
만그가 언제한번은 몸시청찬하여 혜성과갓치그의 학설(學說)을어느
신문에 발표한리선생님을 숭배하기시작한것이요 처음에는 단지그의
인격으로 사상으로무엇을엇으려고하엿던것이나 주위에 환경이나만을
감정적으로 이상한곳에쩌러드리엿소 그러나 내가그들에게 무슨 관
능적(官能的)쾌락을엇으려고 하든것도안이고 그들의 아처러운보금자

七九

리를 들추려 한것은안이요 그러나 그들조차 나를바로알지못하는것갓흐
매도 허구만헛소 나는 그들에게 사랑이외에 무엇을구하려던것이 시
련(試練)못된동롱한의식이엇스나마 사실이엇소 (이갓치 이야기하는동
안에는 그들은 책을내리우고 옴기든일을 이저버리고 이야기를한다)
유모ㅡ아이구 가이업슨자근아씨 텬사갓흐신마님의사랑을일호시고 무
수구렁에 헤매이섯습니싸? 어멈의귀에는 들을사록 쌔가저리기는
하나 무슨말슴인지요 앗시는그저쓸쓸하시든것갓기만합니다。
안해ㅡ그말을 다 엇지해요 사상의 환경으로 실제(實際)의환경으로
목적업는길을가는무엇갓치 지독히 내생활은쓸쓸하엿소 그래서더어느
편으로나 목적을가지고십흔본능의충동인지 굿세고난처한요구가 잇기
시작한것이오 그래서늘사상방면 신앙방면으로 갓흔사람으로의 숭배
자를구하엿섯소 (픽피로운듯이 가삼을부둥켜잡을째 큰방으로부터 전

령(電鈴)소리가 울려나온다) 아이전화가 왓지 이제부터 침모대신내가 전화심부럼을 해야한다—(큰방으로들어가서)어듸쎄요…××책사임니싸 그런데 아직전화는 안되엿지마는…… 천천히와보시지요…네 안팔책을추려내노코 한이천부…됩니다……대개 종교、철학、쏘는신화(神話)예수교리(敎理) 청교도적(淸敎徒的)해부라이이슴의 것들임니다…네네 (다시마루로나와서는 교의위로 올나서서 책을쓰내내리우며)이책은 억그적게사온 ××××의 유물론변증법(唯物論辨證法)과 부하린의 ×××의개렴(槪念)등인데 내가 좀더보아야할터이니 저편으로 나만이전부책×(혼자소리갓치 도라서서 책을내리우며)이즈음에는 나만이전부책을박고아 사야할것이안이라 물론엇던사람이던지 고고학자(考古學者)가아닌이상 전시에 그릇된상상(想像)과신앙(信仰)으로부터 "쎠여진것을 전부박고아서 새시대의 실험적(實驗的)인 자연파(自然派)의것

과상대파(相對派)의 것과 진화파(進化派)의 것들 과학적(科學的)서류와 박고아야 하겟는데……? 나는무엇이라고이러케 영구히 사람의본능(本能)을 진이고는 적히기도어려울해부라이스의 금욕주의(禁慾主義)책들을합부로 사되럿든가? 참이것은 주일마다 우매(愚昧)한 신자(信者)들을더욱굿세게한다고 강단에서서 공상적신화(空想的神話)를짓고잇는장로(長老)나 목사들에게 필요할것이안인가? 『루터』가살어서 나를알면좀우슬가? 그러나 나는김춘영씨의일을 본밧던것이안인가 그럿치만은(무엇을생각하다가 유모가 책을옴겨놋타가말고 분주히 자긔눈을 비벼서 졸니운것을세우는모양을보고 무슨생각이드러마즌듯이) 올치울치 그는그자신의애욕(愛慾)을 억제하기위하야 자긔에게 맛지도안는서류를 사되리든것을나는모르고 XX책사에답지하야 그가사는 책은 다사되린것이안이엇든가? (대문흔들니는 소리를듯느라고 귀를

기우리며) 유모 대단이졸니 운모 양이구려 눈을의립다 비빌때는 하지만
유모는 대문을열러 박그로 나가야겟소(귀를기우려드르며)박게누가 오는모
양이야 대문이너무멀기때문에 행낭사람을 내보낸것이 픽불편한데。
유모ー(대청아래로 내리서며) 괜찬슴니다 대둔열려나가기 쯤 무엇이
불편하겟슴니까(중문박그로 나가서 사러진다 때마춤큰방으로 전
령소리가다시둘닌다)
안해ー(황망이 큰방으로 들어가서)……네어되세요……네?××회누
구시라구……네ー리해경씨세요…… 네염려마세요…마춤 금명간적지안
은논이 내손으로드러올터이니싸…… 그럿치요 몟십명의화재민(火災民)
씀……몟칠동안지나게할수가 잇겟서요……돈되는대로 오늘저녁이나 내
일아츰에차자가뵈옵지요……네ー네?무어시에요?오ー우리주인말슴이
세요?……그것은왜무르세요?……아니…우리사이는 남녀의 관게는아

니랍니다…… 그저주종(主從)간이라던지 친구간이라는 말이맛지요……
그러니깨 매출동안집을비이시는것은 드를지안은일이랍니다…… 하지
마는나는우리주인을리용하거나 모욕하거나 소홀이여기지는안는담니
다…… 아―그런데 왜 그것을작구만무르세요………… 네 꼿처말하면
일홈만부부라는말이지요…… 그런데 해경씨씀 엇더케 우리주인이나
가게시는것까지 그러케잘아서요…… 네네…… 그러서요…… 그러면해
경씨의 친구남편이라는이도 나가노는 어른이신가요 (이동안에 유
모는 알지못하는행낭어멈을 데리고들어와서)
유모―그래댁은어듸사세요 (어멈의태도를삷힌다)
어멈―(생각업는듯이) 저―태평통리해경아니저저― (쌈짝놀나서) 종로
류주사댁에잇슴니다 (안방에서들니는 전화소리를듯고 쏘무심히) 우
리댁아씨하고 전화를하시나 (한눈을판다)

유모―(매우유심스럽게 어멈의 아래위를 훌러보고)그래우리댁나리께
서 그댁에게십되까
(네 저도만일보통부부관게일것갓흐면…… 그럴지도모르지오…… 그런
때마다궁금하고미안하기도 하닭니다……무엇이 그럿타고 사실이아
닌 안해의도리겟서오……엇재서 ××회는 내가정일을조사할런리나잇
는것갓구려……호호……아모래도관게찬슴니다…… 그러치오 (안해박그
로나오며유모를보고)
안해―아이 긴전화도다바앗다 엇더케수다스러운지 아이 (낫선어멈의
모양을보고) 그런데 저사람이어되서왓소?
유모―(의심스러운듯ㅎ) 태평통 리해경씨댁에서 오섯다나종로류주사댁
에서 오섯다나하는데 이댁나리가 그댁에서어되가신다고 양복을보
내라구 편지를하엿다나오 (비웃는듯이면히선어멈을본다)

어멈―(사면을 두리번두리번 둘러보다가 허리춤에서 편지를쓰내안해를준다) 여긔엣슴니다。

안해―(편지를보고 종의를뒤집어보며) 엇재××회종의로 편지를쓰섯스싸?(의심스러운듯이 편지를듸려다보며) 그런데 유모 자긔양복을 다―보내라고 하엿구려。

유모―(행낭어멈을 아래위로홀터보고)분명히나리글씨니싸 (안해를뉴십히보며뭇는다)

안해―그런것갓해요 (말을맛치고 어멈을본다)

(이때 세사람은서로 의심스러운얼골을 듸려다본다)

―천천히幕―

三 場

時節　이장으로부터 두달후

舞臺

역시일장과가튼 대청뒤마루위 이전탁자가노혓든자리에는 첫대가노혓고 침대머리맛엽흐로 적은탁자우혜 청자색(靑磁色)쏫병에는 흰장미쏫묵금이 흐너질듯이쏫치어잇고 탁상전화긔가노혀잇스며 북향한연두색벽에는 북으로열닌 미다지를좌우하야 두남자의 등신상(等身像)이 묵묵히 황금체속에들어침대를구버본다 미다지박그로 뵈이는정원화단에는 우미인초가 쌀갓케피어잇스며 장미화가 후원담을가리어 하날위싸지 녁지벗을형세로 피어잇고 군대군대 파초닙이무성하야잇다 막이

八七

열니면 안해눈얼골을두손으로가리고 침대우헤거러안젓고 유모는방
금부억에서 진일을하다나온듯이 댓돌우헤서서 행주치마에손을씻초며
유모— 어듸아씨 저보는데 한번거러 보세요 절지안코는못거르시겟나봅
시다 어서아씨

안해—(얼골을양손으로 가리운채머리를흔들며)두어달동안이나우어잇서서
그런지(한편다리를가리키며)이다리에맥이풀녀서 힘을줄수가업는데。

유모—(답답한듯이) 그래도 저보는데 한번거러 보세요 하도오래누어
개섯스닛가 맥도풀니섯겟지요。

안해—(마지못하는듯이 얼골에손을세며 약간귀치안은미소를띄우고 침대
우에서 이러나거르려고는하나 잘이러서지지안듯이 머믓거리다가 두
번세번주저안즈며 간신히이러나서 잇는힘을다하야 바로거러 보려하나
절눅절눅 두어서너 발자욱것다가 고만펄석주저안는다 유모는참아못보

깃다는듯이 얼골을돌니다가 강잉하야 태연하여진다 안해호소하는듯
이유모를바라보며) 어머나는인제 병신이구려 (한마듸탄식하고는 얼골
을두손길에뭇고 혼자말갓치) 일허버린행복을 회복하려다못하야 병신
까지되엿다 (유모얼골을놀니고 늣거운다) 내가김선생님을 무소부재 (無
所不在) 하신 교리 (敎理) 를가진 하나님의회당에서 처음비엿슬째 그
는온소피운화로불을가저다가 령혼싸지식어버리라는 나를녹여주시엿섯
다 그이후로 나는내세상살이가 참을수업시 운것임을알게되엿다 처
음겹마즈막으로순간 (瞬間) 맛더워본 세개의 영원한냉각 (冷却) 이든가?
차라리 이피로운내머리가 부서지든편이나을쌘하엿다. 찬인정? 몸슬
세상! 헐숏보다더적은내소원을일우워줄수가업서서 조고마하나를
영々버리는구나! 역시이세상도 조고마하던가? (하날을우러러보며)
분별업는너인! 눈로매이워서 복수를한다고야 내게향한원망이아닌것

올 나를해하엿다 (다시얼골을숙이고 쓰러진다)

유모—(이상스럽게 말을듯다가 눈이휘둥그래지며 마루바닥에쓰러저늣겨우는안해를안아이르키며) 아씨웨사위스럽게 병신이되신다고하시어요 어머니의령혼이아시면 서러하십니다 그런데아씨는 다리를닷치고 도라오신당시는 혼수상태에쌔지서서 말슴을못하섯고 그다음에는 넘어지섯다고하시더니 시방말슴을드르니까 누구한레 상처를밧으신것임니다그려(갑작이노여움과 원망을품고 무서운얼골을지으며)엇던년이 그랫슴니까 엇던놈이그랫슴니까 아씨는 그런말조차업스섯슴니씨(팔울내쌥으며)이어멈의팔로 그런년놈의게 복수를하여드릴남니다 어서말삼하십시요。

안해—(피로운듯이 입살을쌔물고 머리를흔들쑨)

유모—(궁금한듯이)엇재이어멈에게 가르켜주시지안으십니씨 어멈이

아씨째불민한일을 하여드릴셧갓흐심니새 나리쎄서아시면좀놀나시겟서요。

안해— (아니라는듯이 머리를흔들며) 그 도자긔의행복을차자 나가신인데 내불행을렴려하실리가잇슬나구…… (다시머리를숙이고안젓다가) 어멈내가 ××회에책을팔아서 갓다주든날이 언제이엇는지。

유모— 그날이 아씨발닷치든날아님니싸 벌서한두어달우넘엇지요。

안해— 나는그날느저서 ××회에갓다오는길에 리문안을지나오느라닛가 엇던녀자의음성이내엽헤서 「이년남의사내잘차저단이는년」하는것갓드니그저앗쑥해지것지 그후에는정신이업서 내가넘어지고 착각을이켯는지 사실남이나를해하엿던것인지 도모지아득해요。

유모— (고만맥을턱 노흐며) 나리생각해보시라고 긔별이나할가요 아씨는 지금쯤 그친절하시든나리생각이 나시지안으서요。

안해―(머리를흔들며)불행을생각하기에 묵어운머리는 아모것도 생각
 할수가 업다오。
 (박게서 대문여는소리가나자 행낭어멈이 깃분얼골을하고 중문앞으
 로들어온다 유모와안해하던이야기를근친다)
어멈―(댓돌아래와서며)아씨 저 나리 마님이들어오섯는뎁쇼 시방들
 어가 아씨쎄뵈여도 관게찬켓슴니싸 엿주어보라서요。
안해―(놀나운표정으로 어멈과 유모를보고 망서리다가)당신댁에 당
 신이도라오시는데 누가 무어라겟슴니싸구 (말을맛치고얼골을북숙으
 린다)
유모―(깃분얼골로)어멈! 어서들어오십시사고」말을하면서 중문박그로나
 가는어멈의 뒤를싸러 나간다)
안해―(호을로되여)불행한내몸을 숨길내집이업고나 이런때내발을자유

로 옴갈수가 안엇드라면 얼마나 조핫슬가 「말을 맛치고 주저안젓든자리에서 이러서랴하나 이러서지지안는다 세사람의 여섯발소리가 갓가와 올스록 일충더 이러서랴고하나 쓰러질쑨이다」

유모-주인 (양복입고등장)

수인-(역시 인자한얼골로)귀정이 오래 아르섯다구 나를용서하시요 (주저안저서 이러스랴고무한히 고통하는 안해를보고) 당신은아즉자유로 이러서실수가업구려 엇더케그리케발을닷치섯소。

안해ー(역시 이러서랴고 고심하며)나는그동안에 병신이 되엿담니다

이쁠싸지 나리쎄만은 뵈여되리고 십지안엇섯는데 이러케뵈웁는것이 본의(本意)가 아니올시다(안해의말을 측은히들으며 마루위로 올나와서 안해를 이르켜주라고 손을내밀다가 축은히 안해를바래보며) 이르켜드릴가요?

안해―(이러설공부를중지하고)아니오 혼자 이러나보지요。
(유모는 슬그먼히부어으로도려간다)

남편―(유모의뒤모양을바라보다가)당신은 그래도 나를의지하여살어갈 마음은업구려 이런때에도 나는당신에게 소용이업슴니싸。

안해―(면목업는듯이머리를숙이고)이날이때것 당신을의지하고만 살어오지안엇슴니싸 그래서픽미안한때가만헛담니다 그런데지금은 나리셰서도 자신의행복을 서로차즈신바에야 내가더피로움을세칠수가 잇겟서요 당신의 영원한행복을빌뿐임니다。

남편―(애원하듯)여보시오 내가세상고생을해온사람이엿섯기때문에 쏘 어느동경(憧憬)을가진사람이엿섯기때문에 당신을잘아는탓으로 불행한 경우에당신에게 맛당한대우를하여드렷던데지나지안은니다 조곰이라 도 의식잇시 당신을내안해로억제할여고는 마음먹지안엇섯소 엇던때

라도 당신이내게도라오는날이면 온갓녀자의 후대(厚待)를다버리고 당신의박대를 밧으러 모든사랑을다버리고 당신의미움을밧으러도라 올것이요 다지내가나를알음으로 당신을존경하여드리는것을엇지마시 요 그러고나를오해치마시요 !
안해ㅡ(머리를흔들며)나는어느존경할만한녀반을 미혹식혀가지고 최후 피난처『最後避難處』를삼으려할만치 구구한생활을하여 오지도안엇고 하려고하지도안읍니다。
남편ㅡ그러나 역시사람이란 리해조건(利害條件)을무시할수입는가해요
안해ㅡ(괴로운듯이 두손을비비며)나갓치불행한자리에안저서무엇이라겟 서요。
남편ㅡ(안해의얼골을바라보며 머밋머밋)참김춘영군은 교회와학교를나 와버렷다는데 월전어느극장에서보니까 리혜경이의친구인추은난이와

나란히안저서 구경을하더니 그적개저녁에는 밤열두시나지나서 역시 키적은녁자와 동대문섁로 걸어가두군 아조선사람이된것갓든데。

안해ー(……아모소리에도 관심치안는듯이 먼히 하늘을치어다보다가 혼자말갓치) 그가 나를놀난던것이니 무슨문제가잇스랴 그는추은난이라 는자와가튼 품성(品性)의남자인지도모를것이다! 내눈은 무엇이라고 그러케어두웟든고 역시나는남을원망할수가업섯다！내맘이어두웟섯기 때문에 눈씨지어두워서서 바로볼수가업든것이다！（참을수업는듯이 얼골을씽그리다가 남편에게）여보세요 나리와갓치관대하신어른은 사람이란다ー눈토매이워 잇는견지（見地）에서나를동정하실수도잇겟지 요 이해매이는쌀을 불행한쌀을。

남편ー（측은히 안해를 내려다보며 나줏음성으로）그러쿠말구요。

안해ー（팔울내밀며）그러면 나를좀이리켜주서요 무엇이던지자긔의육십

올못채우면 음우섬이와갓치 노여워지는속인처럼내게다아모런조건도 부치지마시고요 그때빈한에서 건저서당신의안해라는조흔일흠을 빌니어주신것과갓치요.

남편ー(얼는 두팔을내밀어 안해를이르켜 침대우헤안치고)그런데당신 우왜닷치섯소。

안해ー책을팔어다가 ×× 회에 긔부하고 도라오는길에넘어젓담니다。

남편ー(한심한듯이 사방을둘너보고)그런데당신은 내살님사리를 다ー 엇지하섯소?

안해ー(눈을둥그러케쓰고 쌈짝놀나며)무엇이에요? 보내라구긔별하시 지안으섯서요? 바로맨처음나가주므시든 이튼날양복가질러왓던 인이편지와 인부(人夫)를데리고와서 다ー실어갓담니다 그러면 당신이식히시지안으섯서요?

남편ㅣ(씀쩍놀나며) 그러면 소혜경이작란이로군 엇던녀자의사랑은 누구의미음……만도못하게 사람을귀찬케하는군.

(전령(電鈴)이운다)

남편ㅣ(전화를밧으려할때)

안해ㅣ내게온것일걸이요.

남편ㅣ(번정거리지도안코 동정하는듯이)리관주씨에게서? 당신요새이는 그와숙친(淑親)해젓소 (안해붓그리는듯이미소를씌우고우슬때) 남편은수화기(受話器)를귀에다대고 누구세요? 네? 헤경이요? 곳가리다렴력마시요……그거무순소리요…… 그럴리업소 ……그저위로해드릴뿐이요……그저세상사람이라는 가엽슨견지에서…… 그런야비한픔성을진인녀자는아니오……그런데 당신 내집은 가저다가 다ー엇지하섯소…… 모르다니?……그러면그럿치……뜰아래방에채워둔것이 내것이엿소……

그럽시다…… 되는대로 속히가리다…… 네、네、
안해ー(아이어여가보세요 나는열치업시 위로를밧고잇섯슴니다그려、
남편ー(원망스럽게)걱생 좀더잇스랴고 졸나보구려 그저너는너하는
로해라 나는나하는대로하겟다요(숙으러지며)그러나때가아직일는지모
른다。
안해ー(붓그리는듯이)그럼 그박게엇던케해요 각々자긔로의리상을품고
잇스면서야 별다른도리가어듸잇슴니까 당신은너무하나 쌔고하나넛
는현실이시고……
남편ー(마지못하야 마루아래로내리서머)자ー 긔정이다음법기까지 완연
히것게되시요。
유모ー(부엌에서나오며)그런데 나리쌔서는 알는아씨를두고 그러케도
쉬ー가서요。

안해ー(눈을얌전하게써 유모를보며)여보 유모 그좀답々히 굴지를마시요 나리쎄는 일홈뿐안해인나이외에 참으로부인되시는이가잇다오 나아어듸사실이요.
유모ー(원망스럽게 댓돌우에서 구두신는 남편을바라보고 침대우에 시름업시안젓는안해를보며) 저 가룬리운이는 나릿댁일을도모지알수가 업슴니다.
남편ー(신발을신고)자、 그러면 쉬낫도록 자중하시요 그러나 리관주씨를삼가야합니다 그이들부부야말로 새이가조흘쑨아니라온두겁이갓른성질을가진이들이요 (남편과유모 중문박그로나간다)
안해ー(두손길로 얼골을가리고 잇다가)해경씨가 가시라거든쏘오세요 (대문박게서「네ー」대답한다)
안해ー(호을로되여)세상에는 유혹이잇다못하야 불행의유혹까지잇고나 내가무엇을바랬든구? ―幕―

四 場

舞臺

삼장과 갓흐나 한편사진은 백기워저서 황금들은쌔여지고유리알이부서진채 여긔저긔 마루바닥에널니여잇고 댓돌우에는 조선신이노혀잇다。

안해―(얼골과허리를 붕대로감고 전화긔를 붕대감은손으로 집어들고)
모시모시 고―가몽 후다센―핫백구나나주―히도방―부대동임니까……
리선생님이세요…… 그런데 선생님쎄서는 어제밤에 선생님부인이 내게오섯던것을모르세오…… 어제밤에요!……호々(비우스며)……네

……그러시겟지요……그런데……선생님께서는 저와의멧번업는교제와 쏘저의선생님께대한 숭배를엇더케해석하시고 부인에게말슴하여버리신 것임니까? 그것은전말이심닛까?…………아니 그러싈것이아니라 선생님께서는 정녕저를 오해하시엇서요……아니라니요……선생님부인은 선생님파새이도피조호시다는데…… 그러케까지저를오해하도록내버려두시엇섯서요 내가선생님을 사모하기시작한동기는 단지애욕(愛慾)뿐이 안인듯해요 나는그런것말고 다른것을선생님께구하얏던것임니다。 선생님과갓치 녀자를다ー선생님부인싸위의 야욕(野慾)박게 안가진줄로 보아서는올치안음니다。 그것우참을수업는녀자선체에대한모욕임니다。 ……웨그러케……선생님은 나를모욕하여야합니까?……그것이온갓정 성을다하야 선생님을 본밧으려던인대가(代價)이라면.…… 나는선생 님쎄 어느조목의 인격적동경(人格的憧憬)을 가젓섯더라는것을 선생과

갓치 선생의부인압헤 (어음이점점격렬하여진다 스스로 가다듬으려
고는하나 부지중에 더격렬하야지며) 흑백을가리듯이 변명하게된담
니다……흥분된것이안이람니다……흥분되지안엇슬스록반드시나는 선
생세나는 이런말을할수박게업지요……뵈읍고이야기를할수가안엇스면얼
마나 다행하엿겟서요 그러나 내눈울멀고내머리는부서저 절대안정
을명령밧은이때에영원히일허버린 마음의침착때문에 필사(必死)의힘
을다하야 이러케이야기를한담니다…… 왜 그러케되연느냐고요? 내
가선생님쎄 잘못뵈엿섯기때문에 쏘선생님쎄 잘못숭배를하여드렷섯기
때문에 선생님부인에게 선생님의사진를로닷치엿담니다……이러케말하
면 선생쎄서는이곳선생부인의 팔힘을자랑도하시고 싶흘러이지마는 선
생님의부인은 내집에오자 선생님의사진이걸닌것을보고 허둥지둥
민밋천듯달녀들어서 급히사진을내리다가…… 가만히들어누우내얼골에

다가 썰어트렷담니다…… 그아름다운얼골을닷치엿느냐고?…… 아름답게보지못할사람들이…… 아름답게 보앗섯기째문에…… 내생명으로갑 핫담니다 (아조시진한듯이 음성을낫초아서) 내가죽더라도 선생님세원망을돌니겟 인께 오해를풀도록이나 하여두서요…… 내가 선생님께 원망을 돌니겟 느냐고?…… 그러면 것지못하는발로 행방불명이되여버릴가요…… ……사람이것는발거름으로말고 손으로아니압발로긔어서 산에든지 내 에든지 들어가버릴가요…… 염려를마세요…… 나는그런변명이 듯기가 실흠니다…… 인제신흐세요 다─귀치안음니다…… 아니천만에.
안해─ (전화를맛츠고 붕대감운팔로 가삼을부둥켜안고) 유모! 유모!!
(불러보다가 죽운사람갓치 침대 우헤 쓸어저버린다)
(중문밧게서부터 박늘사라는소리가들녀온다)
박눌장사 (중문안으로 들어서며) 앗씨 분이나기름삽쇼…… (침대위를

밋처못보고) 이댁에는 아모도 아게신가? (혼잣소리를하며 댓돌우헤 노힌 조선신을 유심히 드려다보고 이리저리 휘둘러보다가 침대우에 안해가 쓰러저 고민하는것을보고는) 앗시 앗시 분이나기름삽시오 아씨 어듸가 불편하심닛가 아씨 분이나기름삽시오.

안해―(붕대처매인 손짓으로 손짓을하며) 유모! 유모!! (신음하듯 부르는다)

박물장사―(신발을들어 보며) 앗시―앗시…… 고 신발암전도 하다 (중문으로 유모와 남편(양복입고등장)

남편―(급히 댓돌위로 올나서며 여보시오 긔정이 당신은 불행을 련겁허 당하시는구려.

안해―(머리를들며 붕대처매인 두손길을 내밀며 남편을 어러만지랴는듯이) 나리 나는 퍽 불행하담니다 행복을 차즈랴다 못하야 참혹히 도

죽어버릴수박게업답니다 멧해동안이나 뒤를보아주시고 보호하여주
신랑신을마즈막뵈옵것마는 내눈은 상하고 내머리는부서젓답니다
그러니 엇더케치하고뵈올수가잇겟서요
유모ー(침대엽호로 얼는가서며 안해의귀에)의사가무엇이라고하섯기에
앗씨는이러케 이러나서 말슴을만히하심니까 앗씨쎄서는 잇대것 전
심전력하여 길러들인 유모의말을안듯고 너므몸을합부로가지서서 늘
은것에게 별참혹한정상을 다뵈이시고도 그저삼기실줄을모르십니까?
남편ー(유모에게손짓을하며 박물장사에게)웬사람이요
박물장사ー박물장사람니다 좀파라줍시요 히로에멧십전버러서근근살어
간담니다。
남편ー(지갑에서 돈을쓰내 박물장사에게주며) 그저가지고가시요
박물장사ー(**미안한듯시**)분을되릴가요 기름을되릴가요

남편― 아마우리집에는 분도기름도 바를사람이 업나보오 머리는러지고 얼골은쎄여지고 (고민하듯이 두손길로 얼골을가리운다)

박물장사― (혼자소리갓치 중문밧그로나가며) 얼골은 쎄지고 머리는러지고 다리팔도다 부러지고 분기름소용도업지 (다시 댓돌우헤 신발을돌아다본다)

안해― (몽유병자와갓치 팔을내저오며) 유모! 유모! (유모그엽흐로 가서 그손을잡아준다) 나를 교의우헤안치어서 김선생님의 사진압 헤 옴겨주어오 마즈막청이오

남편― (주저하는 유모에게) 교의를이리로 가저오시오 나하고둘이안어 서 옴겨안칩시다 (유모는교의하나를 침대압헤갓다노흐며안해의 바른 편을부축하매 남편은안해의 외인편을부축하야 옴겨안치며) 조금도 미안히역이시지마시오 나만은당신을 영버리지안으리다 그러나 당신

온 나라는 장해물때문에 당신의 그적은아차로운 리상을 실현치못하신것이요。

안해ー(머리를흔들며)당신은얼마나 나를호화롭게 하여주시엇서요 당신은얼마나 마음까지 부유하신어린이야요 내가이번에죽어 다시사람이되고 쏘녀자로태여나거든 쏙당신가른어른에게로 정말시집을을 터입니다 내눈어두웟든이야기를 마세요、그때에는。

남편ー(안해를 힘잇게 그러안으며)당신은 이때부터 영원히내안해요 사람의생각하든 모든것이다 열렬하면 열렬할스록 현실에쓰려내려볼때에는 거진다 당신갓치 상처밧게되는것이요 역시당신은 아름다운이요。

안해ー(한편 사진을엽해 안치워서 상한손길을내저으며)아이고 상한손긴로 만저알수업는 동경(憧憬)!사람마다 칭찬하여주시든 아름다움파쳥춘으로도 갓가워질수업눈데 엇더케내가당신에게 갓가와지릿가? 당신새 문에 생각밋츠지못할못에 모든고난다밧고 모든상쳐다밧고 속졀업시죽어감니다 누가 이죽엄의몸에셔 나를구원해버리릿가? 당신이 참혹한이쌀을아시릿가 모르시릿가? 당신은영원한 너우상이엇슬쑨이엇슴이다 모든아름다운자신의아름다움을 몰낫던것과갓치 당신도 나를몰느첫스리라 (말을근치고 다시팔을버쳐어 사진들을 쓰다듬어보다가 락심한듯이 머리를숙이며) 유모! (신음하 듯부르며) 나를 다시침대우에 누히고 내가 그쳔고학할새 입든옷을갓다가 입혀주어요 온갓희망을다쓴고 온갓허위를 다버쳐벼리고 버어두음새문에 밧은상쳐를 안고 갈터이요 (남편과 유모 안해를 안어다가 침상위에누이고 방에셔 더럽고해진 자주져고리와 검졍치마를 갓다가입힌다)

愛人 의 선 물

一〇九

愛 人 의 선 물

남편―…… 헤경이요 웨그러케………사나운말을하시요………
사람은역시어느편으로나 불만을못참는것이요 당신도남의 **만족**
한 안해노릇을못하면서…………… 그러케박정히마시요…………무
엇이사회요…… 당신가튼이들이조직한 사오인의사회안에서
누가 돈주고사거우상노릇을할납듸까……당신이야말로……
나를유혹하든단체쩍○○이요 그러타고 ××회라는것이 조선
사회를대표한 단체도안일것이요 숙녀들이모힌조직도못될것이
요………………………함부로빙자를마시요……… 사회에여론을
이르켜보시요!
(분한듯이 젼화긔를놋는다 다시젼령이운다)
남편―(슈화긔를들고)…………헤경이요………이곳에 온

갓허위를 다버셔버리고 자긔의생명으로셔 동경하든바를모다 실패하고…… 참혹히 치명상(致命傷)을밧고 죽어가는 한 순결한 녀자가 잇소…… 그는이미 당신이쩌주하는바와가튼 일홈뿐인 버안해도 안이요…… 단지참된불행한사람일분이요…… 그의 냉정한두벗은 그의 정성스러운 순결스러운 동경을다 쌀어다가는 어을니지도안케 자긔의 패물을삼아버리고 그가엇더한구렁에서 신음하는지도 헤아려주지못하고 그것을 도로혀 자랑삼아가지고 온갓 음탕한녀자들과 안일(安逸)을 꿈꾸든것이요…… 그런데 그 안일함을보호하자고 그더러운 안일에 희생이 되여가는 것이요. 자 여긔한생명의 림종을보고 ……네가 더 살수 잇겟거든 쏘가리다…… 피차에 미안한점도 만 헛소 이다음에는 회를조직하거든 여러순결한인격들도 만히

포옹하도록 참된회를조직하시요…… 당신의회라는것은 단지 사오인의심심풀이가안이엇섯소 어듸참된사회로부터 인명(認定)을 밧엇던것이오…… 자그러면 우리의일홈업는 비밀의부부생활 도 잇대껏 불쾌하엿스니 고만쓴허버립시다…… 여긔는 그런 사람은업고 자긔의두애인쌔문에 머리와 다리를상하고 죽는사람 과 그를사랑하던일홈분인남편이잇소…… 그에게는 그런일홈 을밧을 소질이도모지업소…… 너무정신젹이기쌔문에 자ー쓴흐케요 (슈화긔를 탁놋는다)

안해ー(첩첩피로운듯이) 나리 웨그르세요? 저는이왕죽을수박게업 는걸이요 사르실나리께천……편할도리를하시어야지요 저야엇더케 살기를바라겟켜요(숨이찬듯이 큰숨을두어번쉬고)유모 의사를좀쳥하 여와요 (이동안에남편은먼히무엇을생각하고거잇다)

유모—(창황히) 나리전화좀거러줍시요

안해—(귀찬은듯이) 전화로청하는것보다 아씨오셧든 의사의 댁이

니 약도 가져올겸 가서뫼서와요

　（유묘 황겁한듯이 중문박그로 나간다）

안해— (준비하여두엇든 쓰나풀을 목에걸어 한번겨우매고 애원하

듯) 나리 쏫쏫버 쥐를사랑하여주세요 저는단지 나리를 쳐음부

터 버종써지 쥐사랑을밧으실것이 목적이엇드라면 시방은당신의

며) 나리께저 쉬기지안엇슬분임니다 만일(점점호흡이 끈난하여지

승리임니다 （쓰나풀을매다가 힘이모자라는듯이 목멘소리로 먼히

생각하고잇는남편에게) 나리 이것을좀쏙매주세요! 그리고저를

오해치마서요 (남편샘짝놀나 모진생각에서 돌아서서 안해의 목

에쓰나풀을쓸러주고 그의등을말업시두다려준다) 나는돈업는쳐녀

愛人의 선물

一一三

愛人의 선물

로 단지 내희망만을 중히여기엇든것임니다 맛치가을철버섯속에
버러지의생활갓치 께절로 너사상(思想)의 께게에피압흔동경(憧憬)
이생기엇스나 현실께게에실현(實現)이어러운째 내살파피를 말니
우며애쓸뿐이던것임니다. 그러나 시방은 다만밧은상쳐만을굿게
게 안을수박게업슴이다. 그러나 당신은얼마나풍부하신어른이께
요 맛치 우리어머니갓흐시구려! 그러나 나는당신을찻고단이면
서 못차첫든이 바로너엽헤게첫구려 그러나 나는당신을바래뵈올
광명조차 일헛담니다 (남편의 팔을더듬어말하려하며 서른음성으
로)이것을좀썩매주쳐요 (남편무엇을긋이 생각하다가 다시섬쌕놀
나면서 안해의손에쓰나풀을쌔앗는다)
남편ㅡ(거듭 안해의등을두다려주며) 당신은그생활에대한애착을다엇
지하첫소? 두애인째문에 머리와다리를상하고 고만죽어가야하

오? 나를위하야더살어주시요 당신의상쳐가나은후에 당신의아름다웁든얼골은 썩어매고 쌍기어믜웁더라도 당신의순직한 상쳐밧은마음만은남어서 나를의지하고 굿쎄게살고십흐리다 그쌔는 산쓸에나 해변에나 사람업는곳으로가서 영원한어린아해들갓치 거리씨움업시삽시다 (역시안해의등을두다린다

안해─(머리를든들며 시진한듯이쓰러져서) 더살구십허요 그러나 죽어서다시살수박게업서요 (목을길게느러쌔면) 부듸도로매주서요 당신의사랑으로 도로매여주서오 네? 친절한이 나를영원히보호하여주서요 그리고 져게상사지 인도하여주서요 친절한어른! 그래서이피로움을더러주서요 이러케죽는것은 버의무람니다 부듸오래할이고통의시간을 잘너주서요 친절한이!(목을버민다)

남편─(하날을우르러 묵상하다가 무엇을결심한듯이 손에들엇든 쯔

愛人 의 선 물

一一五

愛人의 선 끝

나풀로 안해의 목을힘껏맨다 안해피로움도 엽는듯이 머리를느러트린다)

—(一九二七、十二)—

—幕—

『애인의 선물』은 한국 최초 여성 근대 소설가 김명순의 두 번째 작품집으로, 회동서관에서 1929년에 출간한 것으로 추정된다. 이 복원본은 국내에 유일하게 남아 있는 것으로 알려진 서지학자 오영식의 소장본을 토대로 작업하였으나 안타깝게도 판권을 포함한 마지막 네 장과 뒤표지가 소실된 채였다. 이에 마지막에 실린 작품 「두 애인」은 김명순이 책으로 묶기 전 잡지 『신민』 1928년 4월호에 발표한 내용과 대조해 이어 싣고 장정은 최대한 살려 복원했다.

김명순(金明淳)

1896년 1월 20일 평안남도 평양에서 태어났다. 1917년 단편소설 「의심의 소녀」가 『청춘』의 현상 공모에 당선되면서 작품활동을 시작, 한국 최초의 여성 근대 소설가로 불린다. 등단 이후 김명순, 김탄실, 망양초, 망양생, 별그림 같은 필명으로 시, 소설, 산문, 평론, 희곡 등 다양한 장르의 글을 발표했다. 에드거 앨런 포의 소설을 국내에 최초로 소개하고 보들레르의 시를 번역하는 등 외국어에 능통했던 것으로 전해진다. 피아노를 잘 치고 독일어로 곡을 만들 만큼 음악에도 조예가 깊었다고 한다. 여성 작가 최초로 작품집 『생명의 과실』(1925) 『애인의 선물』(1929 추정)을 펴냈으며, 신문기자, 영화배우로도 활동했다. 조선과 일본을 오가며 공부와 집필에 힘썼으나 모욕적인 소문의 희생자가 되어 결국 글쓰기를 중단했다. 생의 마지막에는 생활고에 시달리다 1951년 도쿄에서 사망한 것으로 추정된다.

애인의 선물 — 한국 최초 여성 근대 소설가 김명순 작품집 복원본

초판 1쇄 발행 2025년 6월 30일

·글쓴이 김명순 ·펴낸곳 핀드 ·펴낸이 김선영
·등록 2021년 8월 11일 제2023-000289호
·주소 04017 서울시 마포구 동교로 31(망원동) 2층
·전화 02-575-0210 ·팩스 02-2179-9210
·이메일 pinned@pinned.co.kr ·인스타그램 @pinnedbooks

ISBN 979-11-990229-6-6 00810

* 잘못된 책은 구입하신 서점에서 바꿔드립니다.
* 책값은 뒤표지에 있습니다.

값 15,000원
ISBN 979-11-990229-6-6 00810